विशेष कवि कुँवर नारायण

विशेष कवि कुँवर नारायण

अध्यक्ष

डॉ. पोपट कोटमे
अध्यक्ष, हिन्दी अध्ययन मंडल
पुणे विश्वविद्यालय, पुणे

सम्पादक

डॉ. सुरेश बाबर
अध्यक्ष, स्नातकोत्तर हिन्दी विभाग एवं अनुसन्धान केन्द्र,
न्यू आर्ट्स, कॉमर्स एंड साइंस कॉलेज,
अहमदनगर—414001 (महाराष्ट्र)

सहसम्पादक

डॉ. नीला बोर्वणकर
अध्यक्ष, स्नातकोत्तर हिन्दी विभाग
आबा साहेब गरवारे महाविद्यालय, पुणे

वाणी प्रकाशन

वाणी प्रकाशन

4695, 21-ए, दरियागंज, नयी दिल्ली 110 002

शाखा

अशोक राजपथ, पटना 800 004

फ़ोनः +91 11 23273167 फ़ैक्सः +91 11 23275710

www.vaniprakashan.in
vaniprakashan@gmail.com

VISHESH KAVI KUNWAR NARAIN
Edited by Dr. Suresh Babar

ISBN : 978-93-5072-819-2

प्रथम संस्करण 2014

मूल्य : ₹40

शुभम् ऑफ़सेट, दिल्ली-110 032 में मुद्रित

वाणी प्रकाशन का लोगो मक़बूल फ़िदा हुसेन की कूची से

प्रस्तावना

ज्ञानपीठ तथा पद्मभूषण पुरस्कार प्राप्त कवि कुँवर नारायण जी 'तीसरा सप्तक' के कवि रहे हैं। उन्होंने न केवल हिन्दी कविता में बल्कि भारतीय साहित्य में अपनी एक सशक्त और अमिट छाप छोड़ी है। 'तीसरा सप्तक' का प्रकाशन नयी कविता का प्रतिनिधित्व करता है। यह कविता विभिन्न नारों, आन्दोलनों, वादों से परे रहकर अपनी नयी पहचान बनाने में सफल है। इस सप्तक के कवि 'प्रदर्शनवाद, सस्ती भावुकता, मसीहाई अन्दाज, नयी ज़मीन गोड़ने का दावा' नहीं करते। अधिकांश कवि अन्वेषी हैं।

कुँवर नारायण का जन्म 19 सितम्बर 1927 में उत्तरप्रदेश के फैजाबाद जिले के सम्भ्रान्त कुल में हुआ। उन्होंने अंग्रेजी में एम.ए. किया। उनकी प्रारम्भिक कविताएँ अंग्रेजी में हैं। आपने 'युगचेतना', 'नया प्रतीक', 'छायानट' पत्रिकाओं का सम्पादन किया है। आप लखनऊ के 'भारतेन्दु नाट्य केन्द्र' के अध्यक्ष तथा उत्तरप्रदेश संगीत नाटक अकादमी के उपाध्यक्ष रह चुके हैं। आपकी शिक्षा लखनऊ में विज्ञान-विषय में इंटर तक हुई। बाद में अंग्रेजी में एम.ए. किया। बचपन से ही पढ़ना और घूमना ये दो शौक़ रहे।

साहित्य कृतियाँ–चक्रव्यूह (1956), तीसरा सप्तक (1959) संकलन में, परिवेश हम और तुम (1961), आत्मजयी, अपने सामने (1979), कोई दूसरा नहीं (1993), हाशिए का गवाह।

प्रबन्ध काव्य–आत्मजयी (1965), वाजश्रवा के बहाने।

कहानी संग्रह–आकारों के आसपास (1972)।

समीक्षा–आज और आज से पहले (1998), मेरे साक्षात्कार।

पुरस्कार–'कोई दूसरा नहीं' पुस्तक के लिए साहित्य अकादमी पुरस्कार, व्यास सम्मान, भवानीप्रसाद मिश्र पुरस्कार, भारतीय भाषा परिषद का 'शतदल' पुरस्कार। उत्तर प्रदेश हिन्दी संस्थान का 'लोहिया सम्मान', मध्यप्रदेश सरकार का राष्ट्रीय 'कबीर सम्मान'।

कुँवर नारायण जी ने कविता के अलावा कहानी, समीक्षा, अनुवाद आदि

क्षेत्रों में भी लेखन कार्य किया है। परन्तु उनके लिए कविता लिखना एक खास तरह की जरूरत या अनिवार्यता रही। क्योंकि उनकी दृष्टि में 'कविता वक्तव्य नहीं गवाह है।' भाषा में कविता का बयान, एक सच्चाई का बयान है। मनुष्य को इन्सान बनाने की ताकत कविता में, उसकी संवेदनशीलता में है। अगर हम अपने जीवन में कविता को थोड़ा-सा स्थान दें तो कविता जिन्दगी को बहुत कुछ दे सकती है। "एक ही कविता में होती हैं/कई कई कविताएँ/जैसे एक ही जीवन में/कई जीवन।"

सामाजिक, राजनीतिक विकृतियों और अराजकता के इस माहौल में उनकी कविता समस्याओं को प्रतिबिंबित करती हैं। कभी आयरनी, कभी हमदर्दी के स्वर में वह मनुष्य की संवेदनशील प्रतिक्रियाओं को जगाती है। आधुनिक समाज में व्याप्त सामाजिक, राजनीतिक विकृतियाँ, संघर्ष, घुटन, अजनबीपन, मोहभंग, अकेलापन, आतंक आदि बिन्दुओं को उनकी कविता स्पर्श करती है। उनकी महाभारत, अयोध्या 1992 जैसी कविताएँ राजनीति के वर्तमान रूप को प्रकट करती हैं। कवि सोचता है कि धर्मक्षेत्र, कुरुक्षेत्र का स्थान चुनावक्षेत्र ने लिया है। राम जो वादातीत थे वे अब विवादित बने हैं। आज तो रंग भी अपनी मूल-स्थिति में नहीं रहे, उनका भी बँटवारा हो गया है।

आज शहर आदमी को दबोच रहे हैं। वे रुग्ण बन रहे हैं। वहाँ भीड़ में रहकर भी आदमी अकेला हो जाता है। वह आन्तरिक तनाव से ग्रस्त है। कवि लिखता है–'निकटताओं के अर्थ भी/बदल चुके हैं अब/नयी तरह की दूरियों में।' कवि देखता है कि भाषा, धर्म, प्रान्त को लेकर मनुष्य लड़ रहे हैं। कवि की दृष्टि में महाभारत अतीत नहीं, वर्तमान है। यथा–"हम सब एक नहीं, दो में बँटी/कौरवों और पांडवों की जाता है।" 'आजकल कबीरदास' में कवि लिखता है–'जीते एक निर्वासित जीवन/आजकल कबीरदास।' परन्तु कबीर एक विचार है जो कभी मर नहीं सकता।

वस्तुतः कुँवरजी की कविताओं में व्यंग्य का तीखा स्वर नहीं मिलता, परन्तु कहीं-कहीं वे नुकीले प्रहार जरूर करते हैं। वे देखते हैं कि आज की दुनिया में सच को ढकने की कला का बोलबाला है। अतः लिखते हैं–"लेकिन परेशान हैं इन दिनों/काले की जगह/सफेद नामक झूठ ने ले ली है/और दोनों ने मिलाकर/एक बहुत बड़ी दूकान खोल ली है!"

परन्तु इतनी विपरीतताओं के बीच भी कवि को मनुष्य में, मनुष्यत्व में आस्था है। वह मनुष्यत्व का आकांक्षी है। तभी तो कवि किसी से नफरत नहीं कर सकता। उसे शेक्सपीयर, ग़ालिब, नानक, कंबन, त्यागराज, मुत्तुस्वामी

सब अपने लगते हैं। यही कवि की जीवन दृष्टि की व्यापकता है। कुँवरजी को ईमानदारी, सच्चाई पर विश्वास है। उन्हें गाँधी-विचार में आस्था है।

कुँवरजी की कविता की महत्त्वपूर्ण विशेषता रही 'मृत्युबोध'। वे लिखते हैं कि मनुष्य अपने को मृत्यु की निश्चित और बाद की अनिश्चित सम्भावनाओं के बीच बिल्कुल अकेला पाता है। 'आत्मजयी' के निर्माण की यही प्रेरणा रही है।

उनकी कविता में प्रकृति चित्रण मिलता है। परन्तु उन्हें 'प्रकृति का कवि' नहीं कहा जा सकता। वे प्रकृति का वर्णन बिम्बात्मक शैली में करते हैं। यथा— 'साबुन के बुलबुलों-से/हवा में उड़ते सफेद छोटे-छोटे फूल/दो एक माँ के बालों में उलझे रह जाते/जब वो तुलसी पर जल चढ़ाकर/आँगन से लौटतीं।'

कुँवर नारायण जी के रचनाधर्म में उनका वैज्ञानिक दृष्टिकोण महत्त्वपूर्ण है। कविता के सृजन के लिए वे वैज्ञानिक दृष्टिकोण आवश्यक मानते है। उनकी दृष्टि में वैज्ञानिकता से तात्पर्य है—विचारपक्ष की प्रधानता, भावुकता के स्थान पर यथार्थता, कविता का संगठन और प्रयोगशीलता। वे मानते हैं कि कवि नये प्रयोग द्वारा रूढ़ि को तोड़कर यथार्थ तक पहुँच सकता है। कुँवर नारायण जी वैज्ञानिक दृष्टि का सम्बन्ध उस बौद्धिक स्वतन्त्रता से मानते हैं जो सदा से जीवन के प्रति निडर और अन्वेषी प्रश्न उठा रही है।

वे वैज्ञानिक दृष्टिकोण का सम्बन्ध उस "सहिष्णु और उदार मनोवृत्ति से मानते हैं जो जीवन को किसी पूर्वग्रह से पंगु करके नहीं देखती बल्कि उसके प्रति एक बहुमुखी सतर्कता बरतती है।

इस प्रकार कुँवर जी की कविता में यथार्थ की पक्की पकड़ है, साथ ही उसका सहज सौन्दर्य भी। उनकी इच्छा है कि अगर पुनर्जन्म हुआ तो वे कवि ही होना चाहेंगे—एक बेहतर कवि। "अबकी अगर लौटा तो/हताहत नहीं/सबके हिताहित को सोचता/पूर्णतर लौटूँगा।"

प्रस्तुत संकलन में कुँवर नारायण जी के काव्य की उपरोक्त लगभग सभी प्रवृत्तियाँ परिलक्षित होती हैं।

डॉ. सुरेश बाबर

5 जून, 2014 **डॉ. नीला बोर्वणकर**

अनुक्रम

चक्रव्यूह

युद्ध की प्रतिध्वनि जगाकर
जो हज़ारों बार दुहराई गयी,
रक्त की विरुदावली कुछ और रँगकर
लोरियों के संग जो गाई गयी,—
उसी इतिहास की स्मृति,
उसी संसार में लौटे हुए,
ओ योद्धा, तुम कौन हो?

× × ×

मैं नवागत वह अजित अभिमन्यु हूँ
प्रारब्ध जिसका गर्भ ही से हो चुका निश्चित,
परिचित ज़िन्दगी के व्यूह में फेंका हुआ उन्माद,
बाँधी पंक्तियों को तोड़
क्रमशः लक्ष्य तक बढ़ता हुआ जयनाद :

मेरे हाथ में टूटा हुआ पहिया,
पिघलती आग-सी सन्ध्या,
बदन पर एक फूटा कवच,
सारी देह क्षत-विक्षत,
धरती—खून में ज्यों सनी लथपथ लाश,
सिर पर गिद्ध-सा मँडला रहा आकाश...

मैं बलिदान इस संघर्ष में
कटु व्यंग्य हूँ उस तर्क पर
जो ज़िन्दगी के नाम पर हारा गया,
आहूत हर युद्धाग्नि में
वह जीव हूँ निष्पाप

जिसको पूज कर मारा गया,
वह शीश जिसका रक्त सदियों तक बहा,
वह दर्द जिसको बेगुनाहों ने सहा।

यह महासंग्राम,
युग-युग से चला आता महाभारत,
हज़ारों युद्ध, उपदेशों, उपाख्यानों, कथाओं में
छिपा वह पृष्ठ मेरा है
जहाँ सदियों पुराना व्यूह, जो दुर्भेद्य था, टूटा,
जहाँ अभिमन्यु कोई भयों के आतंक से छूटा :
जहाँ उसने विजय के चन्द घातक पलों में जाना
कि छल के लिए उद्यत व्यूह-रक्षक वीर-कायर हैं,
—जिन्होंने पक्ष अपना सत्य से ज्यादा बड़ा माना—
जहाँ तक पहुँच उसने मृत्यु के निष्पक्ष, समयातीत घेरे में
घिरे अस्तित्व का हर पक्ष पहिचाना।

जाड़ों की एक सुबह

रात के कंबल में
दुबकी उजियाली ने
धीरे से मुँह खोला,
नीड़ों में कुलबुल कर,
अलसाया-अलसाया
पहला पंछी बोला :
दूर कहीं चीख़ उठा
सीले स्वर से इंजन,
भर्राता, खाँस-खूँस
फिर छूटा कहँर-कहँर,
कड़वी आवाज़ों से
ख़ामोशी चलनी कर
सिसकी पर सिसकी भर
        गयी ट्रेन क्षितिज पार :

क्रमशः ध्वनि डूब चली,
चुप्पी ने झुँझला कर
मानो फिर करवट ली,
ओढ़ लिया ऊपर तक
खींच सन्नाटे को,
धीरे से उढ़का कर
        निद्रा के खुले द्वार :

बह निकली तेज़ हवा
पेड़ों से सर-सर-सर,
काँप रहे ठिठुरे से

पत्ते थर-थर थर-थर,
शबनम से भीगे तन
सुमन खड़े सिहर रहे,
चितकबरी नागिन-सी
भाग रही शीत रात,
लुक-छिप कर आशंकित
लहराती पौधों में
बिछलन-सी चमकदार,
छोड़ गयी कोहरे की
केंचुल अपने पीछे,
डँसती ठण्डी बयार :

तालों के समतल तल
लहरों से चौंक गये
सपनों की भीड़ छँटी,
निद्रालस पलकों से
मँडराते चेहरों की
व्यक्तिगत रात हटी;

धीमे हलकोरों में
नीम की टहनियों का
निर्झर स्वर मर्मर कर
ढरता है वृक्षों से
प्राणों में हर-हर भर,
शिशुवत् तन-मन दुलार :

फूलों के गुच्छों से
मेघ-खण्ड रंग-भरे,
झुक आये मखमल के
खेतों पर रुक ठहरे,
पहिनाते धरती को
फुलझड़ियों के गजरे;

प्राची के सोतों से
मीठी गरमाहट के
फ़व्वारे फूट रहे,
धूप के गुलाबी रंग
पेड़ों की गीली
हरियाली पर छूट रहे,
चाँद कट पतंग-सा
दूर उस झुरमुट के
पीछे गिरता जाता...
किलकारी भर-भर ख़ग
दौड़-दौड़ अम्बर में
किरण-डोर लूट रहे :

मैला तम चीर-फाड़
स्वर्ण-ज्योति मचल रही
डाह-भरी रजनी के
आभूषण कुचल रही,
फेंक रही इधर-उधर
लत्ते-सा अन्धकार।

अबकी अगर लौटा तो

अबकी अगर लौटा तो
बृहत्तर लौटूँगा

चेहरे पर लगाये नोकदार मूँछें नहीं
कमर में बाँधे लोहे की पूँछें नहीं
जगह दूँगा साथ चल रहे लोगों को
तरेर कर न देखूँगा उन्हें
    भूखी शेर-आँखों से

अबकी अगर लौटा तो
मनुष्यतर लौटूँगा

घर से निकलते
सड़कों पर चलते
बसों पर चढ़ते
ट्रेनें पकड़ते

जगह बेजगह कुचला पड़ा
पिद्दी-सा जानवर नहीं
अगर बचा रहा तो
कृतज्ञतर लौटूँगा

अबकी अगर लौटा तो
हताहत नहीं
सबके हिताहित को सोचता
पूर्णतर लौटूँगा।

लगभग दस बजे रोज़

लगभग दस बजे रोज़
        वही घटना
फिर घटती है।
        वही लोग
        उसी तरह
अपने बीवी-बच्चों को अकेला छोड़कर
घरों से बाहर निकल जाते हैं। मगर
भूकम्प नहीं आता।
शाम होते-होते
वही लोग
उन्हीं घरों में
वापस लौट आते हैं,
शामत के मारे
थके-हारे।

मैं जानता हूँ
भूकम्प इस तरह नहीं आयेगा। इस तरह
कुछ नहीं होगा।
वे लोग किसी और वजह से डरे हुए हैं।
ये सब बार-बार
उसी एक पहुँचे हुए नतीजे पर पहुँचकर
रह जाएँगे कि झूठ एक कला है, और
हर आदमी कलाकार है जो यथार्थ को नहीं
अपने यथार्थ को
कोई न कोई अर्थ देने की कोशिश में पागल है!

कभी-कभी शाम को घर लौटते समय
मेरे मन में एक अमूर्त कला के भयानक संकेत
आसमान से फट पड़ते हैं—जैसे किसी ने
तमाम बदरंग लोगों और चीज़ों को इकट्ठा पीसकर
किसी सपाट जगह पर लीप दिया हो
और रक्त के सरासर जोखिम के विरुद्ध
आदमी के तमाम दबे हुए रंग
खुद-ब-खुद उभर आये हों।

कविता

कविता वक्तव्य नहीं गवाह है
कभी हमारे सामने
कभी हमसे पहले
कभी हमारे बाद

कोई चाहे भी तो रोक नहीं सकता
भाषा में उसका बयान
जिसका पूरा मतलब है सचाई
जिसकी पूरी कोशिश है बेहतर इन्सान

उसे कोई हड़बड़ी नहीं
कि वह इश्तहारों की तरह चिपके
जुलूसों की तरह निकले
नारों की तरह लगे
और चुनावों की तरह जीते

वह आदमी की भाषा में
कहीं किसी तरह ज़िन्दा रहे, बस

भाषा की ध्वस्त पारिस्थितिकी में

प्लास्टिक के पेड़
नाइलॉन के फूल
रबर की चिड़ियाँ

टेप पर भूले बिसरे
लोकगीतों की
उदास लड़ियाँ...

एक पेड़ जब सूखता
सब से पहले सूखते
उसके सब से कोमल हिस्से...
        उसके फूल
        उसकी पत्तियाँ।

एक भाषा जब सूखती
शब्द खोने लगते अपना कवित्व
भावों की ताज़गी
विचारों की सत्यता—
बढ़ने लगते लोगों के बीच
अपरिचय के उजाड़ और खाइयाँ

सोच में हूँ कि सोच के प्रकरण में
किस तरह कुछ कहा जाय
कि सब का ध्यान उनकी ओर हो

जिनका ध्यान सब की ओर है–
कि भाषा की ध्वस्त पारिस्थितिकी में
आग यदि लगी तो पहले वहाँ लगेगी
जहाँ टूट हो चुकी होंगी
अपनी ज़मीन से रस खींच सकनेवाली शक्तियाँ।

कविता की ज़रूरत

बहुत कुछ दे सकती है कविता
क्योंकि बहुत कुछ हो सकती है कविता
जिन्दगी में
अगर हम जगह दें उसे
जैसे फूलों को जगह देते हैं पेड़
जैसे तारों को जगह देती है रात

हम बचाये रख सकते हैं उसके लिए
अपने अन्दर कहीं
ऐसा एक कोना
जहाँ ज़मीन और आसमान
जहाँ आदमी और भगवान के बीच दूरी
कम से कम हो।

वैसे कोई चाहे तो जी सकता है
एक नितान्त कवितारहित ज़िन्दगी
कर सकता है
कवितारहित प्रेम

महाभारत

धृतराष्ट्र अन्धे।
विदुर-नीति हुई फेल।

धर्मराज धूर्तराज दोनों जुआड़ी :
पासे खनखनाते हुए
राजनीति में शकुनी का प्रवेश।

न धर्मक्षेत्रे न कुरुक्षेत्रे।
सीधे-सीधे चुनाव क्षेत्रे–
जीत की प्रबल इच्छा से
इकट्ठा हुए महारथियों के
ढपमोरशंखी नाद से
युद्ध का श्रीगणेश।

दलों के दलदल में जूझ रहे
आठ धर्म अट्ठारह भाषाएँ अट्ठाईस प्रवेश...

पर ओर रथ पर
शान्त भाव से गीता पकड़े
श्रीकृष्ण,
दूसरी ओर एक हाथ से गाण्डीव
और दूसरे से अपना सिर पकड़े गुडाकेश,
देख रहे
भारत से महा भारत होता हुआ एक देश।

अयोध्या, 1992

हे राम,
जीवन एक कटु यथार्थ है
और तुम एक महाकाव्य!
तुम्हारे बस की नहीं
उस अविवेक पर विजय
जिसके दस बीस नहीं
अब लाखों सिर–लाखों हाथ हैं,
और विभीषण भी अब
न जाने किसके साथ है।

इससे बड़ा क्या हो सकता है
हमारा दुर्भाग्य
एक विवादित स्थल में सिमट कर
रह गया तुम्हारा साम्राज्य

अयोध्या इस समय तुम्हारी अयोध्या नहीं
योद्धाओं की लंका है,
'मानस' तुम्हारा 'चरित' नहीं
चुनाव का डंका है!

हे राम, कहाँ यह समय
कहाँ तुम्हारा त्रेता युग,
कहाँ तुम मर्यादा पुरुषोत्तम
और कहाँ यह नेता-युग!
सविनय निवेदन है प्रभु कि लौट जाओ
किसी पुराण—किसी धर्मग्रन्थ में
सकुशल सपत्नीक...
अबके जंगल वो जंगल नहीं
जिनमें घूमा करते थे वाल्मीक!

आठवीं मंज़िल पर

आठवीं मंज़िल पर
इस छोटे-से फ्लैट में
दो ऐसी खिड़कियाँ हैं
जो बाहर की ओर खुलतीं।

फ़्लैट में अकेले
इतनी ऊँचाई पर बाहर की ओर खुलनेवाली
    खिड़कियों के साथ
लगातार रहना
भयानक है।

मैंने दोनों खिड़कियों पर
मज़बूत जंगले लगवा दिए हैं
यह जानते हुए भी
कि आठवीं मंज़िल पर
बाहर से अन्दर आने का दुस्साहस तो
शायद ही कोई करे...

दरअसल मैं बाहर से नहीं
अन्दर से डरता हूँ
कि हालात से घबरा कर
या खुद ही से ऊब कर
किसी दिन मैं ही कहीं
अन्दर से बाहर न कूद जाऊँ।

एक संक्षिप्त कालखंड में

अगर मुझमें अपनी दुनिया को
बदल सकने की ताक़त होती
तो सब से पहले
उस 'मैं' को बदलने से शुरू करता
जिसमें दुनिया को बदलने की ताकृत होती।

उसे एक पिचका गुब्बारा देता
जिस पर दुनिया का नक्शा बना होता
और कहता–

इसमें अपनी साँसें भरो,
इसे फुला कर
अपने से करोड़ों गुना बड़ा कर लो,
और फिर अनुभव करो
कि तुम उतना ही उसके अन्दर हो
जितना उसके बाहर

धीरे-धीरे एक असह्य दबाव में
बदलती चली जाएगी
तुम्हारे प्रयत्नों की भूमिका,
किसी अन्य यथार्थ में प्रवेश कर जाने को
बेचैन हो उठेंगी तुम्हारी चिन्ताएँ।

उससे कहता–
एक हिम्मत और करो,
अपनी पूरी ताक़त लगा कर
गुब्बारे को थोड़ा और फुलाओ
.....लगभग.....फूटने की हद तक....

अब देखो कि तुम
इस कोशिश में
नष्ट हो जाते हो
एक कर्कश विस्फोट के साथ

या किसी विरल ऊँचाई को
छू पाता है तुम्हारा गुब्बारा

हवा से भी हल्का
और कल्पना की तरह मुक्त

नीम के फूल

एक कड़वी-मीठी औषधीय गन्ध से
भर उठता था घर
जब आँगन के नीम में फूल आते।

साबुन के बुलबुलों-से
हवा में उड़ते सफ़ेद छोटे-छोटे फूल
दो एक माँ के बालों में उलझे रह जाते
जब वो तुलसी पर जल चढ़ा कर
आँगन से लौटतीं।

अजीब बात है मैंने उन फूलों को जब भी सोचा
बहुवचन में सोचा।
उन्हें कुम्हलाते कभी नहीं देखा—उस तरह
रंगारंग खिलते भी नहीं देखा
जैसे गुलमुहर या कचनार—पर कुछ था
उनके झरने में, खिलने से भी अधिक
शालीन और गरिमामय, जो न हर्ष था
न विषाद।
जब भी याद आता वह विशाल दीर्घायु वृक्ष
याद आते उपनिषद् याद आती
एक स्वच्छ सरल जीवन-शैली : उसकी
सदाशान्त छाया में वह एक विचित्र-सी
उदार गुणवत्ता जो गर्मी में शीतलता देती
और जाड़ों में गर्माहट। याद आती एक तीखी
पर मित्र-सी सोंधी खुशबू, जैसे बाबा का स्वभाव।
याद आतीं पेड़ के नीचे सबके लिए

हमेशा पड़ी रहनेवाली
बाध की दो-चार खाटें :
निबौलियों से खेलता एक बचपन...

याद आता नीम के नीचे रखे
पिता के पार्थिव शरीर पर
सकुचाते फूलों का वह वीतराग झरना
—जैसे माँ के बालों से झर रहे हों—
नन्हे-नन्हे फूल जो आँसू नहीं
सान्त्वना लगते थे।

स्पष्टीकरण

ग़लत से ग़लत वक़्त में भी
        सही से सही बात कही जा सकती है।
हम थोड़ी देर के लिए
        स्थगित कर सकते हैं युद्ध,
महत्त्व दे सकते हैं अपने भयभीत होने को,
        स्वीकार कर सकते हैं अपनी बदहवासी,
एक बार, कम से कम एक बार तो
        काँप सकते हैं हमारे हाथ,
हम चीख सकते हैं कि 'नहीं...
        ये सब पराये नहीं मेरे हैं,
        मैं इन्हें नहीं मार सकता,
        मैं युद्ध नहीं करूँगा...'

ऐसी विषम घड़ी में हमारे अन्तःकरण
        कम से कम एक बार तो
बना सकते हैं ईश्वर को साक्षी–
        माँग सकते हैं उससे भी स्पष्टीकरण...

अमीर खुसरो

हाँ ग़यास, दिल्ली के इसी डगमगाते तख़्त पर
एक नहीं ग्यारह बादशाहों को
बनते और उजड़ते देखा है।
ऊब गया हूँ इस शाही खेल तमाशे से
यह 'तुग़लकनामा'—बस, अब, और नहीं।
बाकी ज़िन्दगी मुझे जीने दो
सुल्तानों के हुक़्म की तरह नहीं—
    एक कवि के ख़यालात की तरह आज़ाद,
    एक पद्मिनी के सौन्दर्य की तरह स्वाभिमानी,
    एक देवलरानी के प्यार की तरह मासूम,
    एक गोपालनायक के संगीत की तरह उदात्त,
    और एक निज़ामुद्दीन औलिया की तरह पाक।

ग़यास एक स्वप्न देखता है, "अब्बा जान
    उस संगीत में तो आपकी जीत हुई थी?"
    "नहीं बेटा, हम दोनों हार गये थे।
    दरबार जीता था!
    मैंने बनाये थे जो कानून
    उसमें सिर्फ मेरी ही जीत की गुंजाइश थी।
    मैं ही जीतूँ
    यह मेरी नहीं आलमपनाह की ख्वाहिश थी...
    खुसरो जानता है अपने दिल में
    उस दिन भी सुल्तानी आतंक ही जीता था
    अपनी महफिल में...!"

भूल जाना मेरे बच्चे कि खुसरो दरबारी था।
वह एक ख़्वाब था—
    जो कभी संगीत,
    कभी कविता,
    कभी भाषा,
    कभी दर्शन से बनता था।
वह एक नृशंस युग की सबसे जटिल पहेली था
जिसे सात बादशाहों ने बूझने की कोशिश की!

खुसरो एक रहस्य था
जो एक छोटा सा गीत गुनगुनाते हुए
इतिहास की एक बहुत कठिन डगर से गुजर गया था।

आजकल कबीरदास

(1)
आजकल
        मगहर में रहते हैं कबीरदास।
कहाँ है मगहर?
उत्तर प्रदेश में छोटा-सा गाँव
न जाने किस समय में
ठहरी हुई ज़रा-सी जगह में
कुटिया डाल करते अज्ञातवास
जीते एक निर्वासित जीवन...
        आजकल कबीरदास—
यदाकदा दिख जाते फ़कीरों के भेस में
कभी अनमने-से साहित्य-समाज में :

        सब कहते—
        सह नहीं सके जब
        जग की उलटबासी,
        छोड़ दिया कासी...

(2)
आजकल कम ही लौटते हैं वे
अपने मध्यकाल में,
        रहते हैं त्रिकाल में।—

एक दिन दिख गये मुझको

फिलहाल में :

पूछ बैठा
फक्कड़-से दिखते एक व्यक्ति से–
"आप श्री दास तो नहीं–
अनन्त के रिश्तेदार?"
अक्खड़ खड़ी बोली में बोले–
"कोई फर्क नहीं इसमें"
कि मैं 'दास' हूँ या 'प्रसाद'
'नाथ' हूँ या 'दीन'
'गुप्त' हूँ या 'नारायण'
या केवल एक समुदाय, हिन्दू या मुसलमान–
या मनुष्य की सामूहिक पहचान
ईश्वर-और-अल्लाह,
या केवल एक शब्द में रमण करता
पूरा ब्रह्माण्ड,
या सारे शब्दों से परे एक रहस्य..."

(3)
स्पष्ट था कि पहचान का ही नहीं
भाषा का भी संकट था इस समय
जैसे मेरे और उसके समय को लेकर
उनका अद्वैत भाव–
"कौन कह सकता है कि जिसे
हम जी रहे आज
वह कल की मृत्यु नहीं,
और जिसे हम जी चुके कल
वह कल का भविष्य नहीं?"

(4)
उनकी वाणी में एक राज़ था
जैसे उनकी चुप्पी में...।
"अनन्त से मेरा कोई नज़दीकी रिश्ता नहीं :
वह केवल एक नाम है
जिससे मैं उसे पुकारता हूँ कभी-कभी
पर जो उसकी पहचान नहीं :
वैसे भी, रिश्तों को नाम देना
बिल्कुल फ़र्जी है :
होशियारी ज़रूरी है नामों को लेकर!
लोग लड़ते मरते हैं
जिन नामों को लेकर
झूठे पड़ जाते वे देखते-देखते,
लाशों में बदल जाते
फूलों के ढेर :
करुणा और सुन्दरता का अनाम भाव
स्वाहा हो जाता है
नामों की जातपात के धधकते पड़ोस में!"

(5)
एक दिन मिल गये मुझे
लोदी बाग़ के एक शानदार मकबरे में!
ज़मीन पर पड़े एक बेताब सिकन्दर को देख कर बोले—

"नापसन्द था मुझे
सत्ता के दरबारों में सिर झुकाना।
जंज़ीरों की तरह लगते थे मुझे
दरबारी कपड़े
जिनमें अपने को जकड़े
पेश होना पड़े किसी को भी
भरे दरबार में
खुद को एक क़ैदी की तरह पकड़े!"

"चेहरे पर कस मुखौटे की पाबन्दी को
उतार कर बेचेहरा होते हुए
चाहिए एक ऐसी मुक्ति
जिसमें न प्रसन्नता हो न उदासी
न किसी का प्रभाव हो न दबाव–
केवल एक दार्शनिक हो–अपना सद्भाव...
सबके बीच लेकिन सबसे
थोड़ा हट कर भी..."

(6)
देख कर अपना ज़माना
यक़ीन नहीं होता कि अब बीत गया
उनका ज़माना,
 –कि अब वे कहीं नहीं,
 न काशी में, न मगहर में :
कि अब वे केवल इस जानने में हैं
कि वस्तुगत होकर देखना
वस्तुवत् होकर देखना है,

कि सही तरह देखना
सही को जानना है,
सही को जानना

सही हो जाना है,
उसका हर शब्द एक ज़रूरी भेद करता
दृष्टि और दृष्टि-दोष में!
 स्थूल की सीमाओं के षड्यन्त्र में
 कौन रहता है आशंकित हर घड़ी
 कि अब ज़्यादा देर नहीं उसकी हत्या में,
 कि वे ही उसे मारेंगे
 जिन्हें उसने बेहद प्यार दिया...

 वे हत्यारे नहीं
 अज्ञानी हैं

जो उसे बार-बार मृत्युदण्ड देते
उसे सूली पर चढ़ाते
उसकी अपनी ही हत्या के जुर्म में!–

कौन आश्वस्त है फिर भी
कि वह मरेगा नहीं :
मर सकती है वह दुनिया
जिस पर होते रहते अत्याचार

(7)

...आज भी यक़ीन नहीं होता
कि वह जीवनद्रोही नहीं
एक सच्चा गवाह था जीवन का?–
जिसने जाते-जाते कहा था–
"कहाँ जाऊँगा छोड़कर
इतनी बड़ी दुनिया को
जो मेरे ही अन्दर बसी है
हज़ारों वर्षों से...?"

"यहीं रहूँगा–
इसी मिट्टी में मिलूँगा
इसी पानी में बहूँगा
इसी हवा में साँस लूँगा
इसी आग से खेलूँगा
इन्हीं क्षितिजों पर होता रहूँगा
उदय अस्त,
इसी शून्य में दिखूँगा खोजने पर..."

(४)

अनर्गल वस्तुओं
और आत्मरत दुनिया से विमुख
एक निरुद्वेल में
लिख कर एक अमिट हस्ताक्षर प्रेम,
उसने एक गहरी साँस ली
और भाप बनकर उड़ गया
फिर एक बार बादलों के साथ
बेहद में...

रंगों की हिफ़ाज़त

रंग के विशेषज्ञों को डर है
कि आगामी वर्षों में
कुछ रंगों की भारी कमी मुमकिन है।
उनका अकाल तक पड़ सकता है
अगर इसी रफ़्तार से हम उन्हें नष्ट करते रहे :

जैसे लाल और हरा, जो या तो
आसमान की तरह नीले पड़ जाएँगे
या कोयले की तरह काले।

एहतियात ज़रूरी है
कि जहाँ भी वे मिलें
उन्हें यत्न से बचाया जाए :

लाल को चाहे रक्त कहें
चाहे हरे को हरियाली

वे केवल फ़र्क रंग हैं
दुश्मन रंग नहीं
और दोनों ही को बचाना ज़रूरी है
एक दूसरे की ज़िन्दगी के लिए

बाज़ारों की तरफ़ भी

आजकल अपना ज़्यादा समय
अपने ही साथ बिताता हूँ।

ऐसा नहीं कि उस समय भी
दूसरे नहीं होते मेरे साथ
मेरी यादों में
या मेरी चिन्ताओं में
या मेरे सपनों में...

वे आमंत्रित होते हैं
इसलिए अधिक प्रिय
और अत्यधिक अपने :

वे जब तक मैं चाहूँ साथ रहते
और मुझे अनमना देखकर
चुपचाप कहीं और चले जाते।

कभी कभी टहलते हुए निकल जाता हूँ
बाज़ारों की तरफ़ भी :
नहीं, कुछ ख़रीदने के लिए नहीं,
सिर्फ़ देखने के लिए कि इन दिनों
क्या बिक रहा है किस दाम—
फ़ैशन में क्या है आज कल...

वैसे सच तो यह है कि मेरे लिए
बाज़ार एक ऐसी जगह है
जहाँ मैंने हमेशा पाया है

एक ऐसा अकेलापन जैसा मुझे
बड़े-बड़े जंगलों में भी नहीं मिला,
    और एक खुशी
    कुछ-कुछ सुकरात की तरह
    कि इतनी ढेर-सी चीज़ें
    जिनकी मुझे कोई ज़रूरत नहीं!

शहर और आदमी

अपने खूँख्वार जबड़ों में
दबोच कर आदमी को
उस पर बैठ गया है
एक दैत्य-शहर

सवाल अब आदमी का ही नहीं
शहर की ज़िन्दगी का भी है

उसने बुरी तरह
चीर फाड़ डाला है मनुष्य को

लेकिन शहर भी अब
एक बिल्कुल फर्क तरह के
मानव-रक्त से
प्रभावित हो चुका है–

अकसर उसे भी
एक बीमार आदमी की तरह
दर्द से कराहते हुए सुना गया है

एक अजीब सी मुश्किल में हूँ इन दिनों

एक अजीब-सी मुश्किल में हूँ इन दिनों
मेरी भरपूर नफरत कर सकने की ताकत
दिनोंदिन क्षीण पड़ती जा रही!

अंग्रेजों से नफरत करना चाहता
(जिन्होंने दो सदी हम पर राज किया)
तो शेक्सपीयर आड़े आ जाते
जिनके मुझ पर न जाने कितने एहसान हैं।

मुसलमानों से नफरत करने चलता
तो सामने ग़ालिब आकर खड़े हो जाते।
अब आप ही बताइए किस की कुछ चलती है
उनके सामने?

सिखों से नफरत करना चाहता
तो गुरुनानक आँखों में छा जाते
और सिर अपने आप झुक जाता

और ये कंबन, त्यागराज, मुत्तुस्वामी...
लाख समझाता अपने को
कि वे मेरे नहीं
दूर कहीं दक्षिण के हैं
पर मन है कि मानता ही नहीं
बिना इन्हें अपनाये

और वह प्रेमिका
जिससे मुझे पहला धोखा हुआ था
मिल जाए तो उसका खून कर दूँ!

मिलती भी है, मगर
कभी मित्र
कभी माँ
कभी बहन की तरह
तो प्यार का घूँट पीकर रह जाता।

हर समय
पागलों की तरह भटकता रहता
कि कहीं कोई ऐसा मिल जाए
जिससे भरपूर नफरत करके
अपना जी हलका कर लूँ।

पर होता है इसका ठीक उलटा
कोई-न-कोई, कहीं-न-कहीं, कभी-न-कभी
ऐसा मिल जाता
जिससे प्यार किए बिना रह ही नहीं पाता।

दिनोंदिन मेरा यह प्रेम-रोग बढ़ता ही जा रहा
और इस वहम ने पक्की जड़ पकड़ ली है
कि यह प्रेम किसी दिन मुझे
स्वर्ग दिखा कर ही रहेगा।

काला और सफ़ेद

सिर्फ दो ही रंग होते हैं
    शब्दों की दुनिया में—
        काला और सफ़ेद।
दरअसल, काला तो कोई रंग ही नहीं :
    और सफ़ेद भी
    होता है कई रंगों से मिल मिल कर बना
    एक तटस्थ रंग
लेकिन काले का घोर प्रतिवादी,
और यही उसकी ताक़त है।

काला जिस सचाई को ढँकता
    सफ़ेद उसके बीच से बोलता रहता—
    —दबी ज़बान—कभी खुल कर—
    मानो गवाही दे रहा हो
    भरी अदालत में
    काले के ख़िलाफ़

सफ़ेद स्वभाव से विनम्र
लेकिन प्रभाव में तीखा है।
उसकी निडर सादगी
खादी की तरह
कपट को ओढ़ने से इनकार करती,
कभी कभी तो लगभग पारदर्शी हो जाती
नंगई के ख़िलाफ़
और चीख़ने लगती उसकी उज्ज्वलता
जैसे सूरज की रोशनी!

सभी चाहते कि शब्दों के बीच
सचाई को ज़्यादा-से-ज़्यादा जगह मिले...

लेकिन परेशान हैं इन दिनों :
काले की जगह
    सफ़ेद नामक झूठ ने ले ली है
    और दोनों ने मिल कर
एक बहुत बड़ी दूकान खोल ली है!

रोज़ धड़ल्ले से उनके रंगबिरंगे विज्ञापन छपते
    कि झूठ कुछ नहीं
सिर्फ़ सच को ढँकने की कला है :
ज़िन्दगी का कारोबार
झूठ-सच की लीपापोती पर चला है।

○○